Der Thüringer Fußball-Kloß

Der Mensch ist nur da ganz Mensch, wo er spielt.
Friedrich Schiller

Sylk Schneider

Der Thüringer Fußball-Kloß

32 runde Rezepte aus aller Welt

Mit Fotografien von Martin Jehnichen

Buch Verlag
für die Frau

Wir danken Erhart Kästner und Sylk Schneider,
den „Erfindern" des Thüringer Fußball-Kloßes,
und dem Thüringer Kloßmuseum

Im Dorf 1
99439 Heichelheim
www.klossmuseum.de

ISBN 3-89798-180-7

© BuchVerlag für die Frau GmbH, Leipzig 2006

Fotos: Martin Jehnichen, Leipzig

Kochen und Anrichten der Speisen:
Erhart Kästner, „Windmühle" Heichelheim

Typografie, Layout, Satz:
Tom Unverzagt, Ina Kwon, Leipzig

Gesamtherstellung: Klingenberg Buchkunst, Leipzig

Printed in Germany

www.buchverlag-fuer-die-frau.de

Inhalt

Vorwort von Jürgen Reinholz,
Minister für Wirtschaft, Technologie und Arbeit
des Landes Thüringen   **6**

Der leckerste Ball der Welt   **10**

Original Thüringer Klöße – das Rezept   **12**

32 Kloßrezepte aus aller Welt von Angola bis USA   **16**

Rezeptverzeichnis nach Sachgruppen   **80**

Liebe Leserin, lieber Leser,

der Fußball sei ein Grundnahrungsmittel aller Deutschen, befand ein bekannter Sportkommentator dereinst. Allerdings: Der Verzehr dieses Grundnahrungsmittels gestaltet sich schwierig, sein Nährwert ist gering. Unter seiner ledrigen Schale verbirgt sich zudem häufig bloße Luft. Als Grundnahrungsmittel hat der Fußball bei Küchenchefs und Ernährungsexperten deshalb bis heute keine wirkliche Akzeptanz gefunden.

Dass die bevorstehende Fußball-Weltmeisterschaft daran etwas ändern wird, ist wenig wahrscheinlich. Mit dem vorliegenden Buch möchten wir Fußballfans und allen Freunden kulinarischer Genüsse deshalb eine sinnfällige Alternative aufzeigen: den Thüringer Kloß.

Auch der Kloß ist, besonders in Thüringen, ein Grundnahrungsmittel, darüber hinaus erfreuen sich seine geschmacklichen Qualitäten allgemeiner Anerkennung. Der Schritt vom Fußball zum Kloß fällt aber auch aus anderen Gründen leicht: Beide sind rund, beide bringen ihre Fans 90 Minuten lang zum Kochen, beide stammen, zumindest in ihrer gegenwärtigen Form, aus dem 19. Jahrhundert. Und beide sind auf der ganzen Welt zu Hause: Fußball wird auch in Trinidad und Tobago mit Leidenschaft gespielt; der Thüringer Kloß erfreut sich als wahrer „Hans Dampf auf allen Tellern" nicht nur in Japan einer wachsenden Wertschätzung.

Im anlässlich der Fußballweltmeisterschaft 2006 erstmals präsentierten „Thüringer Fußball-Kloß" sind beide deshalb eine längst überfällige und überdies sehr bekömmliche Verbindung eingegangen. Wer diese Verbindung selbst einmal testen möchte, erfährt Näheres auf den folgenden Seiten.

Bei allen Gemeinsamkeiten von Fußball und Kloß gibt es natürlich auch Trennendes: Wird etwa der eine nach den immer gleichen Regeln benutzt, besticht der andere vor allem durch seine Wandlungsfähigkeit. Die in dem vorliegenden Buch enthaltenen 32 Kloß-Rezepte, zugeschnitten auf die Herkunftsländer aller Mannschaften der Fußball-WM 2006, sind dafür der beste Beweis. Ob mit tropischen Früchten und karibischem Rum flambiert, ob als amerikanischer Kloß-Schokoladen-Kuchen, als argentinischer Tango-Kloß oder australischer Känguru-Kloßeintopf: Der Thüringer Kloß passt auf jeden Teller. Auch davon können Sie sich auf den folgenden Seiten überzeugen.

Trotz – oder vielleicht gerade wegen – dieser Wandlungsfähigkeit ist der Kloß bis heute ein waschechter „Thüringer" geblieben. Als Hort und Hüterin der ehrwürdigen Thüringer Kloßmacher-Tradition hat sich vor einigen Jahren die Europäische Kartoffel-Akademie in Heichelheim gegründet. Als Denkfabrik mit Kartoffel-Fokus und Kaderschmiede für Kloßköche aus aller Welt widmet sie sich der Erforschung und Förderung des Kloßes in allen Lebensbereichen. Auch das Kloßmuseum, Kloßseminare, das Heichelheimer Kartoffelfest und Kochwettbewerbe tragen dazu bei, Kartoffeln und Klößen aus Thüringen in aller Welt zu Ruhm und Ansehen zu verhelfen. Der naheliegende Gedanke, Fußball-Kult und Kloß-Kultur einmal „in einen Topf" zu werfen, um zu sehen, welche kulinarischen Neuerungen daraus hervorgehen, konnte deshalb nur in Heichelheim geboren werden. Ein greifbares und, wie ich finde, rundum gelungenes Ergebnis dieser Idee ist das vorliegende Kochbuch. Für die Herausgabe dieses Buches möchte ich dem Kloßmuseum und der Windmühle Heichelheim ebenso danken wie dem renommierten Buch-Verlag für die Frau in Leipzig, der es professionell betreut und hochwertig ausgestattet hat.

Allen Leserinnen und Lesern wünsche ich viel Spaß beim Lesen und Nachkochen der einzelnen Rezepte. Mein Tipp: am besten jeden Sonntag ein neues Rezept ausprobieren – und danach wieder von vorn anfangen. Hier in Thüringen sind wir jedenfalls davon überzeugt: „Ein Sonntag ohne Klöße / verlöre viel von seiner Größe ..."

Jürgen Reinholz

Thüringer Minister für Wirtschaft, Technologie und Arbeit

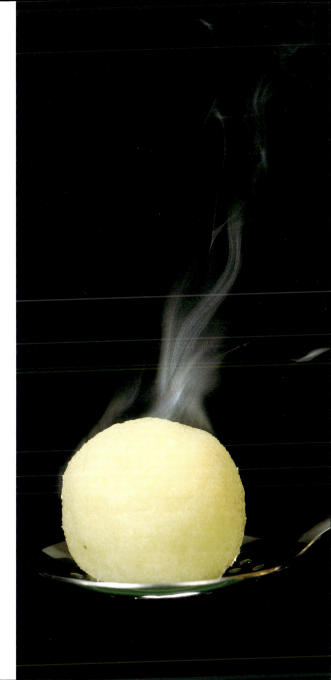

Der leckerste Ball der Welt

Ein Geschenk der Tropen

Im Schiller'schen Sinne ist das vorliegende Buch ein ganz und gar menschliches Buch. Der kulinarische Ball, um den sich alles dreht, ist der Original Thüringer Kloß. Dieses Nationalgericht Thüringens macht mit den 32 Ländern der Fußballweltmeisterschaft eine kulinarische Reise um die Welt.

Das Spiel ist eine grundlegende menschliche Aktivität, die Kreativität freisetzt. Wo Menschen zusammen spielen und essen, dort führen sie keine Kriege.

Unser kulinarisches Spiel hieß: 32 Rezepte mit dem Original Thüringer Kloßteig aus aller Welt zu finden. Dabei waren mit den westafrikanischen Staaten auch Länder dabei, die keine Kartoffeln kennen. Und so haben wir Neues und Unbekanntes gefunden. Reisen Sie also mit uns – am eigenen Herd – kulinarisch rund um die Welt. Der Thüringer Kloß ist nicht ohne Grund Nationalgericht in Thüringen – er ist einfach die perfekte Mischung und er passt zu allem.

Spielen, Kochen und Essen sollen Spaß machen. Deshalb sind die Rezepte recht einfach – immer mit dem Thüringer Kloß als Grundlage. Seine originale Zubereitung ist Kochkunst, aber wem das zu schwierig ist, der nimmt einfach fertigen Kloßteig. Alle Rezepte sind, wenn nicht anders angegeben, für 4 Personen berechnet.

Der Original Thüringer Kloß besteht fast ausschließlich aus Kartoffeln – ein eigentlich durch und durch exotisches Gemüse aus den tropischen Breitengraden des Andenlandes. Die Indianer Perus bauten schon 200 Jahre vor Christi Geburt Kartoffeln an. Nach Europa kamen die Kartoffeln erst mit den spanischen Eroberern. Der erste schriftliche Hinweis über die Kartoffeln ist ein Brief König Philipp II. von Spanien, der dem Papst Pius IV. die Kartoffeln als königliches Genesungsgeschenk schickte. In den Kräuter- und Medicinalgärten der Klöster entdeckte man dann, welch schöne Blüten die Kartoffel doch habe, und als exotische Blume trat sie ihren Siegeszug nach Mitteleuropa und Deutschland an. Nur Fürsten konnten sich solch exotische Blume leisten, gar mit der Orchidee wurde sie verglichen.

Leider vergaß man bei der Blütenverrücktheit, dass die Kartoffel doch sehr nahrhaft ist. Um sich als Nahrungsmittel durchzusetzen, brauchte sie noch eine ganze Weile. Man hielt sie für giftig und manch einer soll auch in der Tat die grünen giftigen Beeren der Kartoffel gegessen haben. Von der Kirchenkanzel herunter wurde gepredigt, die Knolle sei eine Sache des Teufels, da sie sexuell höllisch erregend sei.

Daran scheint aber auch etwas Wahres zu sein, denn überall dort, wo die Kartoffel heimisch wurde, stiegen die Bevölkerungszahlen und der berühmte Botaniker Basilus Besler schrieb gar in seinem Medicinal- und Kräuterbuch: „In Wein gekocht sind sie (die Kartoffeln) besonders hülfreich für all jene, die die Blüte ihrer Jahre überschritten haben".

Wundersam scheint auch die Entstehung des Kloßes: Moosweiblein sollen am Werk gewesen sein. Anderswo heißt es, Frau Holle hätte das Rezept verraten: Im Südthüringer Raum heißen die Klöße übrigens auch heute noch Hütes. Manch einer sagt auch Knell, Kleeß, Hebes oder Heibes, im Bajuwarischen schwören sie auf die Knödel.

Wie und wer die Klöße tatsächlich erfunden hat, weiß man bis heute nicht genau. Das weltweit einzigartige Thüringer Kloßmuseum im kulinarischen Dorf Heichelheim bei Weimar widmet sich eben dieser Frage, wie auch sonst dem Kult und der Kultur rund um den Kloß und die Kartoffel. Dort hat man festgestellt, dass der Thüringer Kloß während der großen Teuerung um 1800 als Surrogat, also Ersatz, für die Mehlklöße entstanden ist, deren Zutaten sich keiner mehr leisten konnte.

Bald waren die Klöße aber nicht nur bei den Armen die Lieblingsspeise, sondern auch bei den Reichen. Und noch heute ist kein Sonntag und erst recht nicht ein Feiertag denkbar ohne Klöße.

Die Thüringer haben nicht nur den Kloß erfunden, auch das erste wissenschaftliche Werk zur Kartoffel wurde hier geschrieben. Kartoffelpfarrer C.W.E. Putsche aus Wenigenjena wirkte hier segensreich. Hunderte von Sorten untersuchte er und fand dabei die in "Teutschland des Anbaues würdigen Sorten" heraus. Auch bei den Klößen kommt es auf die richtige Sorte an. In der Regel wählt man den Kochtyp mehlig kochend.

Kartoffeln sind wie ein guter Wein

Jeder Jahrgang, jede Sorte ist anders und genau wie beim Wein ist auch bei der Kartoffel der Geschmack vom Jahrgang, von der angebauten Sorte und vom jeweiligen Boden abhängig. Die Thüringer Böden bieten exzellente Bedingungen für Kartoffeln von auserlesenem Geschmack. Spitzenköche wissen das schon längst. Es empfehlen sich fest kochende Sorten wie Sieglinde und Renate für Salate, die vorwiegend fest kochenden für Bratkartoffeln, Gratins oder Eintöpfe und die mehlig kochenden für Gnocchi, Klöße oder Kartoffelbrei.

Bei den Klößen kann man aber auch vorwiegend fest kochende Sorten wie Marabel oder Agria nehmen, wenn sie von mineralstoffreichen, schweren Böden wie hier in Thüringen kommen. Denn dann reichern die Knollen bei kühlem Klima genügend Stärke an für die Klöße.

Die Kloßrezepte in diesem Buch darf der Kenner natürlich auch wie einen guten Wein behandeln. Man verwende also z.B. für die schwedische Kloß-Lachs-Roulade die Kartoffelsorte Novara Heichelheimer Nordhang. Welch eine Kartoffel. Mit ihren roten Augen und ihrem weichen, milden Aroma ist sie geradezu prädestiniert für die Kombination mit zartem Fisch. Damit zeigt man dem Gast, dass man auch bei der Kartoffel Feinschmecker ist.

Das Rezept

Original Thüringer Klöße

Für das Grundrezept nehmen wir 1500 g mehlig kochende Kartoffeln.

Dies ergibt ungefähr 750 g Kloßteig – den Grundteig, mit dem wir in den folgenden 32 Rezepten eine kulinarische Rundreise um die Welt antreten.

Wer möchte, kann natürlich auch fertigen Kloßteig kaufen.

1000 g Kartoffeln schälen, roh reiben und auspressen.

500 g Kartoffeln schälen, kochen und zu einem dünnflüssigen Kartoffelbrei verarbeiten. Diesen heiß über die ausgepresste rohe Kartoffelmasse geben.

Zum Formen der Klöße Handflächen anfeuchten.

Locker werden die Klöße durch in Butter geröstete Semmelwürfel.

Die geformten Klöße in nicht mehr oder nur leicht köchelndes Wasser geben und ziehen lassen.

Etwas Kartoffelmehl im Kochwasser macht die Klöße schön glatt.

Heichelheim ist allgemein als die Kloßhochburg bekannt. Hier hat die Europäische Kartoffel-Akademie ihren Sitz, die mit den Kloßseminaren zur fachgerechten und kulinarisch anspruchsvollen Zubereitung von Klößen sogar schon einen Preis gewonnen hat. Der Feinschmecker schrieb zu den Kloßseminaren, hier würde „der Gral der Klöße" präsentiert.

Und in Heichelheim gibt es das Thüringer Kloßmuseum, das sich mit Geschichte und den Geheimnissen der Kloßzubereitung beschäftigt. Eines steht inzwischen fest: Thüringer Klöße werden vor allem aus rohen Kartoffeln, aber nicht nur aus rohen Kartoffeln gemacht.

Klöße nur aus rohen Kartoffeln sind Rohe Klöße oder Kleeß. Klöße aus halb gekochten und halb rohen Kartoffeln sind halbseidene oder schlesische. Bayrische Kartoffelknödel werden nur aus gekochten Kartoffeln gemacht. Und die echten „Thüringer" so zuzubereiten, dass sie schön locker sind und dennoch nicht zerlaufen, das ist eine Kunst.

Das einzig wahre Rezept scheint es – wie so oft bei Spezialitäten – nicht zu geben, dafür zahllose Varianten. Lothar Kusche will in den 1960er Jahren gar 18.972 Rezepte gefunden haben. Als das gebräuchlichste Rezept hat sich die Mischung aus ⅔ rohen Kartoffeln und ⅓ gekochten Kartoffeln herausgestellt. In alten (Geheim)Rezepten unserer Großmütter – Klöße werden immer am besten von den Großmüttern gemacht – heißt es dann meist:

Man nehme 3 Eimer Kartoffeln, schäle diese. 2 Eimer reibe man, gebe sie in ein Leinensäckchen und presse sie mit einer Kloßpresse aus. Dies war und ist Aufgabe des stärksten Mannes in der Familie. (Das Sprichwort sagt „In Thüringen beweist sich der Mann, indem er gut Kloßmasse pressen kann.") Je besser man die Masse auspresst, desto lockerer wird der Kloß. 1 Eimer wird gekocht und

Der perfekte Kloß

zu Brei verarbeitet. Diesen gibt man brühend heiß über die rohen ausgepressten Kartoffeln. Dann verrühre man beides schnell zu einem zähen Kloßteig.

Das Grundrezept finden Sie auf der linken Seite.

So einfach sich das Rezept anhört, so schwirig ist, es einen perfekten Kloß zu zaubern. Eine Schwierigkeit ist der Stärkegehalt der Kartoffeln. Er schwankt von Jahr zu Jahr, von Sorte zu Sorte und von Boden zu Boden. Die erhitzte Stärke bindet den Kloß, sie verhindert, dass er auseinanderfällt. Wenn jedoch zu viel Stärke vorhanden ist, dann wird der Kloß zum Gummiball.

Schon beim Auspressen kann man erkennen, wie viel Stärke die Kartoffel hat. Sie setzt sich in der Schüssel im Presswasser ab. Ist zu wenig Stärke vorhanden, kann man der Kloßmasse welche zusetzen. Ist zuviel vorhanden, kann man mehr rohe Masse nehmen und den Kartoffelbrei nicht ganz so heiß darüber geben. Für eben diese Mischung braucht es jahrelange Erfahrung.

Eine zweite Schwierigkeit besteht darin zu verhindern, dass die Klöße unansehnlich grau werden. An der Luft oxidiert die Kartoffel, sie wird grau. Früher hat man dies durch Schwefeln der rohen geschälten Kartoffeln verhindert. Auch gibt es viele andere Geheimzutaten, die schöne weiße Kloßmasse garantieren, z.B. etwas Essig oder saure Sahne oder etwas Safran. Wichtig ist auf jeden Fall schnell zu arbeiten und Kartoffelsorten auszuwählen, die kaum nachdunkeln, wie die Marabel.

Angola

Bolinhos de Coco
Kokos-Klößchen

Angolas Küche ist von portugiesischen und afrikanischen Einflüssen geprägt. Angola hat in den letzten Jahren einen der größten Anstiege der Kartoffelproduktion weltweit zu verzeichnen. Das zentral gelegene Hochland von Huambo ist das Hauptanbaugebiet der Kartoffeln. Es liegt auch ungefähr auf dem gleichen Breitengrad wie das Andenhochland Perus, die Heimat der Kartoffel.

halbe Menge Kloßteig nach Grundrezept

1 EL Kartoffelstärke

250 ml Kokosmilch

250 ml Milch

100 g Zucker

Kokosraspeln

Kartoffelstärke mit 50 ml kalter Kokosmilch anrühren, in einen Topf geben und etwas erwärmen, nicht kochen lassen. Dann mit dem Kloßteig vermischen.

Wasser erhitzen. Kleine Klöße formen und ins kochende Wasser geben. Ziehen lassen. Wenn die Klößchen oben schwimmen, sind sie fertig.

Restliche 200 ml Kokosmilch mit der Milch und dem Zucker in einem Topf erhitzen.

Fertige Klöße in den Kokosraspeln wälzen und auf einen tiefen Teller geben. Mit der heißen Kokosmilch auffüllen. Das Ganze evtl. noch mit Zimt und Zucker oder etwas Schokoraspeln garnieren.

Es schmeckt einfach genial, wenn die Klößchen sich mit der Kokosmilch vollgesaugt haben.

Argentinien — Tango-Kloß

Nach Argentinien wanderten in der Vergangenheit vor allem Spanier und Italiener, aber auch Deutsche und Polen aus. Und so ist Argentinien kulinarisch und kulturell europäisch geprägt. Aber mit Tango und argentinischem Rindfleisch hat das Land auch ganz eigene Beiträge zum europäischen wie internationalen Kultur- und Wirtschaftsleben geleistet.

Kloßteig nach Grundrezept

200 g argentinisches Rindfleisch

50 g Schinkenspeck

1 Zwiebel

2 Knoblauchzehen

Salz, Pfeffer

Öl zum Anbraten

etwas Kartoffelstärke

Rindfleisch, Schinkenspeck und Zwiebel in kleine Würfel schneiden. In einer Pfanne zuerst das Fleisch anbraten, dann die Zwiebelwürfel hinzugeben und mitdünsten, bis sie goldbraun sind, und zuletzt fein gehackten Knoblauch zufügen. Zur Seite stellen und abkühlen lassen. Mit Salz und frisch gemahlenem Pfeffer abschmecken.

Etwas Kloßmasse in der Handkuhle flach drücken, ein wenig Rindfleischfüllung hineingeben und zu je einem Kloß formen.

Wasser mit Salz und Kartoffelstärke zum Kochen bringen, nur noch ganz leicht köcheln lassen. Den Tango-Kloß hineingeben. Wenn er oben schwimmt, ist er fertig.

Gut dazu passen Bohnen und Tomatensalat sowie eine Jägersauce mit etwas Chili verfeinert.

Australien

Kangeroo-Kloß-Eintopf
Känguruschwanzsuppe mit Klößen

Noch heute wird in Australien eine alte deutsche Kartoffelsorte angebaut, Bismarck genannt. Tasmanien ist der Kartoffelbundesstaat Australiens. Ein typisches australisches Gericht ist Kangerooschwanzsuppe mit Kartoffelklößen. Statt Kangeroo kann man aber auch Ochsenschwanz verwenden.

1 kg Kangerooschwanz oder Ochsenschwanz

1 EL Olivenöl

je 1 gewürfelte Zwiebel, Möhre und Sellerie mit Sellerieblättern

5 Tassen Rinderbrühe

½ Tasse Portwein

2 klein gehackte Knoblauchzehen

½ Bund frischer oder 2 TL getrockneter Thymian

2 Petersilienwurzeln

½ Tasse Tomatenmark

1-2 Tassen Tomatenpüree

je 1 TL Salz und schwarzer Pfeffer

Kloßteig nach Grundrezept

1½ Tassen trockener australischer Wein

Das zerkleinerte Fleisch salzen und pfeffern. In Olivenöl von beiden Seiten anbraten. Zwiebelwürfel zugeben. Mit 2 Tassen Brühe ablöschen. Dann bei 160 °C im Ofen fertig garen. Flüssigkeit immer wieder auffüllen.

Inzwischen in einem großen Topf Möhren- und Selleriewürfel anbraten. Mit dem Portwein ablöschen. Tomatenmark und Petersilienwurzel zusammen mit dem Thymian zufügen. Ein wenig einkochen. Nun das Fleisch aus dem Ofen mit dem Bratenfond sowie die restlichen Zutaten bis auf den Wein dazugeben und 90 Minuten köcheln lassen.

Aus dem Teig kleine Klöße formen. Die Klößchen und den Wein zum Eintopf geben und 15 Minuten ziehen lassen.

Brasilien

Acarajé mit Kloßteig
Bohnenklößchen

Brasilien ist das Land mit der größten landwirtschaftlichen Nutzfläche der Welt und den besten Fußballspielern. Kreativ wurden die Kulturen Amerikas, Europas, Afrikas und Asiens zu einer neuen Kultur verschmolzen. Das Wort für die Waden ist übrigens Batata da Perna – die Kartoffel des Beines. Jetzt wissen wir, wo Kraft und Gelenkigkeit der Spieler herkommen.

für 20 Acarajé-Klöße:

250 g Wachtelbohnen

250 g Kloßteig nach Grundrezept

1 große fein gehackte Zwiebel

Salz

Dendê-Palmöl oder Kokosfett zum Frittieren

Füllung:

2 Chilischoten

120 g getrocknete Garnelen (oder 250 g frische Garnelen garen lassen)

1 Zwiebel

Salz

2 EL Dendê-Palmöl oder Kokosfett

Bohnen über Nacht einweichen. Im Mixer zerkleinern, mit dem Kloßteig, der Zwiebel und dem Salz vermischen. Mit einem Esslöffel Portionen abstechen und in sehr heißem Öl frittieren. Herausnehmen und auf Küchenpapier abtropfen lassen.

Für die Füllung Chilischoten, Garnelen und Zwiebel im Mixer pürieren. Mit Salz abschmecken. Dann in Öl 5 Minuten dünsten lassen.

Die Acarajé-Bällchen in der Mitte aufschneiden und mit der Füllung servieren.

Costa Rica

Olla de Carne mit Thüringer Kloß
Eintopf mit Thüringer Klößchen

Die costaricanische Küche ist äußerst vielfältig und kann als ein „kulinarischer Schmelztiegel" verschiedenster Länderküchen bezeichnet werden. „Olla de Carne" ist ein Eintopf, der eben all diese Einflüsse aus Europa, Amerika und Afrika vereinigt. Ein Thüringer würde Olla de Carne natürlich mit Klößen machen.

---

500 g Rindfleisch, am besten Steakhüfte

500 g Geflügelfleisch, am besten Putenbrust

2 mittlere Zwiebeln

Chilipulver, Safran

Gemüsebrühe

2 Chayoten (Kürbisfrüchte) oder 1 Gurke

2 Kochbananen oder 80 g getrocknete Bananen

Kloßteig nach Grundrezept

Fleisch und Zwiebeln fein würfeln und mit dem Chili und Safran anbraten. Mit Brühe auffüllen und auf kleiner Flamme 15 Minuten köcheln lassen. Die ebenfalls gewürfelten Chayoten und Kochbananen hinzugeben. Aus dem Kloßteig kleine Klöße formen und in den Eintopf geben. 20 Minuten ziehen lassen.

Im Original wird Olla de Carne mit Yamswurzeln und Kartoffeln gemacht. Mit Klößen wird er aber noch besser. Durch Safran und Chili bekommen die Klöße eine sehr appetitliche Färbung, auch den Geschmack des Fleisches nehmen sie auf.

Deutschland — Fußball-Kloß

Das Kloßland in Deutschland ist Thüringen. Hier ist der Kloß Nationalgericht. In der Regel isst man Klöße mit Gänsebraten, Gulasch oder Rouladen, oft aber auch mit Karpfen. Früher war es der Stolz einer jeden Hausfrau, den Kloß möglichst groß zu bekommen. Kindskopfgroß sollte er gar sein. Der in Suhl und Meiningen übliche Name für die Klöße „Hütes" kommt daher. Head althochdeutsch für Kopf – Hüad – Hütes.

100 g Weißbrot

100 g Butter

3-fache Menge Kloßteig nach Grundrezept

200 g Spinat

50 g Petersilie

Salz zum Abschmecken

Weißbrot würfeln, in der Butter knusprig braun anbraten, beiseite stellen.

Einen großen Topf mit Wasser, Salz und etwas Kartoffelstärke zum Kochen bringen. Dann nur noch ganz leicht köcheln lassen.

Zweimal Kloßteig zu einem großen Kloß formen, mit den Weißbrotwürfeln füllen. In ein Leinentuch fest einwickeln, zubinden und im heißen Wasser ca. 30 Minuten ziehen lassen.

Wichtig! Die Masse für einen so großen Kloß muss fest sein. Semmelwürfel sind hier unbedingt notwendig, denn nur so gart er auch von innen. Man kann das Leinentuch an einem Kochlöffel festbinden und den Löffel dann auf den Topfrand legen.

Spinat und Petersilie ganz klein hacken, mit Salz und dem restlichen Kloßteig vermengen. Ganz dünn auf Pergamentpapier ausrollen. Mit dem Messer in Form von Bienenwaben ausschneiden bzw. mit einer Bienenwabenplätzchenform ausstechen. Auf dem Fußball-Kloß in der Art des Fußballs anbringen. Noch dampfend servieren.

Dazu gibt man einen Braten oder Gulasch und reichlich Soße. Der Kloß muss „schwimmen".

Ecuador

Anden-Auflauf

Die Anden zieren die Flagge Ecuadors, die Anden sind auch die Heimat der Kartoffel. Der Nobelpreisträger Severo Ochoa nannte die Kartoffel gar „Das wahre Gold der Inkas". Kartoffeln gehören heute zu den sieben Säulen der Welternährung.

Kloßteig nach Grundrezept

3 Eier

100 g gekochter Schinken, in Würfel geschnitten

50 g gewürfelter Räucherschinken

200 ml Kondensmilch

100 g Schmelzkäse

150 g Tilsiter

50 g geriebener Emmentaler Käse

½ TL Petersilie oder frischer Koriander

½ TL Oregano

Salz, Pfeffer

Semmelbrösel

Butter zum Einfetten und Butterflöckchen

Die Eier trennen. Eiweiß kurz durchschlagen. Eigelb, Schinkenwürfel, Milch, Schmelzkäse, Oregano und Petersilie vermischen. Eiweiß unterheben. Mit Salz und Pfeffer abschmecken und alles gut verrühren.

Eine Souffléform ausfetten, mit Semmelbröseln ausstreuen. Eine Schicht Kloßteig flach in die Souffléform geben und mit Salz und Pfeffer bestreuen, dann eine Schicht Tilsiter und darauf eine Schicht Schinken-Ei-Mischung. Das Ganze ein zweites Mal einschichten. Zum Schluss mit Butterflöckchen und Emmentaler Käse überstreuen.

Im vorgeheizten Ofen bei 180 °C ca. 30 Minuten backen.

Elfenbeinküste — Fisch-Klöße

Die Küche der Elfenbeinküste ist afrikanisch mit französischem Einfluss. Wie in allen westafrikanischen Ländern ist auch hier die Kartoffel fast gänzlich unbekannt. Als Wurzelfrüchte werden vor allem Yams, Maniok und Süßkartoffeln angebaut. Fischgerichte wie das hier beschriebene Rezept für Fisch-Klöße sind sehr beliebt. Die stärkehaltigen Zutaten haben wir durch Kloßteig ersetzt.

Fisch-Klöße:
400 g Kloßteig nach Grundrezept
400 g Seelachs
1 Zwiebel, fein gehackt
2 große Tomaten
2 Eier
2-3 Knoblauchzehen, zerdrückt
2 altbackene Brötchen
je 2 EL Mehl und Semmelmehl
30 g Butter
½ Zitrone
1 Bund Petersilie, fein gehackt
Salz, Pfeffer, Selleriesalz, Cayenne-Pfeffer
Sauce:
1 Zwiebel, klein gehackt
3 EL Tomatenmark
2 Tassen Wasser
2 EL Essig, 2 EL Butter
Salz, 1 Prise Cayenne-Pfeffer

Den rohen Seelachs, Zwiebeln, Tomaten, Knoblauchzehen, Petersilie und Brötchen in der Küchenmaschine oder im Fleischwolf zerkleinern. Kloßteig und ein Ei dazugeben und gut verkneten. Mit den Gewürzen abschmecken und Klöße formen.

Klöße nacheinander in Mehl, gesalzenem Ei und Semmelmehl wälzen. In heißer Butter von beiden Seiten braun braten. Mit Zitronenscheiben belegen. Warm stellen.

Für die Sauce die Zwiebel in Butter goldgelb dünsten. Tomatenmark, etwas in ¼ Tasse Wasser verquirltes Stärkemehl sowie Gewürze dazugeben und gut verrühren. Mit dem restlichen Wasser aufgießen und kochen lassen, bis die Sauce dick ist. Zum Schluß Essig darunter rühren. Vorsicht: Essig nach Belieben hineingeben. Fischbällchen in die Sauce legen und noch 5 Minuten darin ziehen lassen. Mit Zitronenscheiben garnieren.

Als Beilage: Brot und gedünstete Blumenkohlröschen.

England

Roly Poly
Mit Kloßteig gefüllter Hackbraten

Sir Walter Raleigh schenkte einst seiner Geliebten, der Königin Elizabeth, Kartoffeln „der Venus befeuernden Wirkung wegen". Auch heute ist England eines der Länder mit dem höchsten Pro-Kopf-Kartoffelverbrauch. Roly Poly mit Kartoffeln soll sehr kräftigend sein.

halbe Menge Kloßteig nach Grundrezept

4 Eier

75 g Tilsiter Käse, fein gerieben

500 g Hackfleisch halb und halb

1-2 TL frische gehackte Kräuter

Salz, frisch gemahlener schwarzer Pfeffer

Den Kloßteig, 2 hart gekochte gewürfelte Eier, Käse, Salz und Pfeffer in eine Schüssel geben, die übrigen 2 leicht geschlagenen Eier zufügen und gut verrühren.

Hackfleisch mit frischen Kräutern mischen. Das Hackfleisch auf bemehltem Pergamentpapier ausrollen. Kloßmasse bis auf 1 cm am Rand auf das Fleisch auftragen. Fleisch mit Füllung aufrollen wie zu einer Biscuit-Rolle, die Enden zusammendrücken.

Fleischrolle in eine Kasserolle geben, mit etwas Eigelb bestreichen und mit Alufolie abdecken. Im auf 190 °C vorgeheizten Ofen etwa 45 Minuten backen lassen. Alufolie entfernen und nochmals 15 Minuten backen lassen.

Das Würzen der Masse ist Geschmackssache. Für den deutschen Gaumen empfiehlt es sich, auch das Hackfleisch zu würzen. Als Kräuter sind Schnittlauch, Petersilie, Dill oder Kresse gut geeignet. Garnieren mit Kapuzinerkresseblüten.

Frankreich

Fondue de Quenelles de Pomme de Terre
Klößchen-Fondue

In Frankreich wurde die Kartoffel lange als Blüte in den botanischen Gärten bewundert. Marie Antoinette trug gar bei ihrer Hochzeit mit dem König von Frankreich Kartoffelblüten im Haar. Der Apotheker Parmentier machte die Kartoffel dann hoffähig und beliebt. Kennen gelernt hatte er sie übrigens als Gefangener in Deutschland während des Siebenjährigen Krieges. Heute gilt die Kartoffel in Frankreich als Le Primeur Legume – Das Erste unter den Gemüsen. Zum Valentinstag schenkt man sich gar die rotschalige Kartoffelsorte Cherie als Liebesbeweis. Klöße sind in vielen Regionen Frankreichs unbekannt. Im Elsaß gehören Quenelles de Pomme de Terre jedoch zu den regionalen Spezialitäten.

Kloßteig nach Grundrezept

400 g Fonduekäse

1 Tasse süße Sahne

200 ml trockener französischer Weißwein

Wasser mit etwas Salz und Kartoffelstärke erhitzen und dann nur noch köcheln lassen. Kleine Klöße von etwa 2 cm Durchmesser formen und in das nicht mehr kochende Wasser geben. Etwa 10 Minuten ziehen lassen. Wenn die Klößchen oben schwimmen, herausnehmen und abkühlen lassen.

Fonduekäse im Fonduetopf vorsichtig erhitzen. Wein und Sahne hinzugeben und nach Belieben abschmecken.

Klößchen aufspießen und in den Käse tunken – ein Gedicht! Dazu serviert man halbtrockenen französischen Weißwein.

Ghana

Boodoo und Abolo
Klößchen mit Mais, Süßkartoffel und Erdnüssen

Ghana ist der zweitgrößte Erzeuger der Wurzelfrüchte Taro und Yams. Kartoffeln sind zwar völlig unbekannt, Klöße sind jedoch sehr beliebt. Seien es Banku – vergorene Maisbrei-Yamsklöße – oder Fufu-Klöße aus Kochbananen und Maniok oder Boodoo und Abolo-Klöße mit Mais, Süßkartoffeln und Erdnüssen. Boodoo und Abolo mit Kloßteig variiert ergibt ein sehr wohlschmeckendes Gericht.

1 Süßkartoffel (ca. 200 g)

halbe Menge Kloßteig nach Grundrezept

100 g gemahlene Erdnüsse

1 EL Zucker

1 Eigelb

1 Prise Chili

Schokoladenpuddingsauce

Süßkartoffel schälen, würfeln und kochen. Anschließend pürieren.

Kloßteig und Erdnüsse hinzugeben. Einkochen bis sich eine feste Masse ergibt. Eigelb unterrühren. Nun noch mit Zucker und Chili abschmecken.

Dann für Boodoo-Klöße mit einem Esslöffel den Teig in heißes Frittieröl geben.

Für Abolo den Teig in Alufolie, Mais- oder Bananenblätter einwickeln und in heißem Wasser 20 Minuten ziehen lassen.

Iran

Dolmeh-yeh Seeb Zamini
Iranische gefüllte Kartoffelklöße

Der Iran ist im Mittleren Osten der größte Kartoffelerzeuger. Auch weltweit ist er unter den Top-20-Kartoffelanbauländern. Die persische Kochkultur ist äußerst vielfältig und einfallsreich. Joghurt, Lamm, Reis, aber auch Kartoffeln werden fast täglich verwendet.

---

500 g Kloßteig nach Grundrezept

2 Eier, etwas Mehl

Füllung:

2 Zwiebeln, klein gewürfelt, Öl

250 g Lammhackfleisch

2-3 TL Tomatenmark

1 Tomate

Salz, Pfeffer

je ⅓ Tasse fein gehackte Petersilie, Minze, Frühlingszwiebeln und Schnittlauch

Die Zwiebeln in Öl anbraten, das Lammhackfleisch zugeben und solange braten, bis das Fleisch Farbe nimmt. ½ Tasse Wasser, Salz, Pfeffer, kleingeschnittene Tomate und Tomatenmark dazugeben, vermischen und aufkochen lassen. Nun noch die Kräuter untermischen.

Den Kloßteig mit den Eiern, etwas Salz und Pfeffer sowie Mehl vermischen. Eine kleine Hand voll Kloßteig auf der Handfläche plattdrücken. Etwa einen Teelöffel Füllung hineingeben und zu einem abgeflachten Kloß formen. Wiederholen, bis der Teig aufgebraucht ist.

Die iranischen Klöße garen nicht im Wasser, sondern werden in Öl frittiert, bis sie von beiden Seiten braun sind.

Mit Joghurt-Petersilien-Sauce und Tomatenscheiben servieren.

Italien

Spinatgnocchi mit Gorgonzolasauce

Kartoffel ist ein Wort aus dem Italienischen. In Italien verwechselte man die Kartoffeln zunächst mit den Trüffeln. Aus dem italienischen Wort tartufeli wurde in Deutschland zuerst Taratouphli, dann Tartuffeln und schließlich Cartuffeln und Kartoffeln.

Kloßteig nach Grundrezept

350 g Mehl

50 g frisch geriebener Parmesan

60 g gekochter Spinat, fein gehackt und ausgedrückt

Salz, frisch gemahlener Pfeffer

6 Eigelb

Sauce:

1 Zwiebel, klein geschnitten

40 g Butter

5 cl Sherry Medium

½ l flüssige Sahne

300 g Gorgonzola ohne Rinde, klein gewürfelt

Den Kloßteig in eine große Schüssel geben und 225 g Mehl, den Parmesan, einen Teelöffel Salz, etwas Pfeffer und den Spinat zufügen. Schnell vermischen, eine Mulde in die Mitte drücken, Eigelb hineingeben und alles zu einem weichen Teig verarbeiten. Abschmecken.

Das restliche Mehl auf die Arbeitsfläche häufen, jeweils ein etwa handgroßes Teigstück abnehmen, im Mehl wenden und kurz durchkneten. Zu einer langen, fingerdicken Rolle formen und diese in 2 cm große Stücke schneiden.

Die Gnocchi auf ein Backblech setzen und von allen Seiten gleichmäßig mit Mehl bestäuben. Für die Sauce die Zwiebel in der Butter glasig dünsten, mit dem Sherry ablöschen und einkochen, Sahne hinzufügen und unter ständigem Rühren mit dem Schneebesen den Gorgonzola darin auflösen, reduzieren und mit Salz und Pfeffer abschmecken.

In der Zwischenzeit einen großen Topf mit Salzwasser zum Kochen bringen, die Gnocchi hineingeben. Im siedenden Wasser etwa 3 Minuten garen, bis sie an die Oberfläche steigen.

Die Gnocchi mit einem Sieblöffel aus dem Wasser heben, abtropfen lassen und auf einem Teller mit der Gorgonzolasauce anrichten.

Japan

Wasabi-Klößchen auf grünem Bambus
Meerrettich-Klößchen am Spieß

Osen hieß ein berühmtes Teehausmädchen, das im „Schlüsselhause" zu Kasamori in der Nähe von Higurshi angestellt war. Sie war auch Modell und Geliebte des Holzschnittmeisters Suzuki Harunobu (ca. 1725-1770), deren Schönheit so bewundert wurde, dass man nach ihr die Puppen beim Buddhafest zu Iida gestaltete. Sie schrieb 1769 vier Gedichte. Eines davon hieß:

> *Ein Sang auf die Klöße*
> *Wie viele Klöße formt man mit einem Mal?*
> *Fünf an der Zahl;*
> *die spießt man für leckere Mäuler*
> *auf grüne Bambusspeiler.*
> *Durch der Handdellen Windung*
> *gibt man den Bällen Rundung.*
> *Ein Kloß am eigenen Herd*
> *die Liebe heraufbeschwört.*
> *Ein Kloß als Mitgabe*
> *ist köstliche Labe.*

---

halbe Menge Kloßteig nach Grundrezept

50 g Wasabi (japanischer, sehr scharfer Meerrettich), alternativ Sahne-Meerrettich

grüne Bambusspieße, alternativ Holzspießchen

Den Kloßteig mit Wasabi mischen, kleine Klößchen formen und ins gerade aufgekochte Wasser geben, ca. 10 Minuten ziehen lassen.

Herausnehmen und immer 5 Klößchen auf je einen Bambusspieß schieben.

Eine ideale Vorspeise. Man kann dazu japanische Saucen und gebratenes Gemüse reichen.

Korea

Kimchi Mandu
Sojaklößchen mit eingelegtem Gemüse

Das Nationalgericht Koreas ist Kimchi, eingelegtes Gemüse, meist scharf-sauer mit einer Fischsauce. Kimchi gibt es heute in fast allen Asialäden fertig zu kaufen.
Mandu Klöße werden in Korea meist gefüllt und dann zusammen mit Kimchi serviert.

100 g Tofu

Sojasauce

1 kleine Dose Sojasprossen

Kloßteig nach Grundrezept

Kimchi

Tofu und Sojasauce im Mixer zerkleinern, dann mit Sojasprossen vermischen. Etwas Kloßteig in der Handfläche flachdrücken, mit Sojamasse füllen und zu einem Kloß schließen. Die Klöße in kochendes Wasser geben und ziehen lassen (nicht kochen).

Wenn die Klöße oben schwimmen, sind sie fertig. Zusammen mit Kimchi servieren. In der Regel wird jedem Gast ein Extra-Schüsselchen Sojasauce gereicht, in das man die Klöße tunken kann.

Kroatien

Tarte mit Kloß und Sardelle

Die kroatische Küche hat unterschiedliche Einflüsse in sich aufgenommen, Dalmatien, Slowenien und auch das Mittelmeer spielen eine große Rolle. So auch bei diesem Gericht. Die Kloßform kommt aus Slowenien, der Käse aus Dalmatien und die Sardellen aus der Mittelmeerküche.

4 große Fleischtomaten

2 große Gemüsezwiebeln

5 Sardellenfilets

2 Knoblauchzehen

1 Bund Petersilie

1 Zweig frischer Thymian

5 EL Öl

Pfeffer aus der Mühle

Kloßteig nach Grundrezept

100 g frischer Schafs- oder Ziegenkäse

Die Tomaten überbrühen, enthäuten und das Fruchtfleisch in grobe Stücke schneiden. Die Zwiebeln schälen und in Streifen schneiden. Sardellen abspülen und mit der Gabel zerdrücken. Knoblauch darüber pressen, gehackte Petersilie, Thymian und zwei Esslöffel Olivenöl zugeben. Alles zu einer Masse vermischen. Das restliche Öl in einer großen Pfanne erhitzen und die Zwiebeln darin weich dünsten. Die Tomaten dazugeben und 5 Minuten mitdünsten.

Eine Auflaufform fetten und ein Drittel der Zwiebel-Tomaten-Mischung hineinfüllen, die Hälfte des Kloßteigs darauf verteilen, leicht pfeffern und darüber die Hälfte der Sardellen-kräuterpaste geben.

Alles noch einmal wiederholen. Mit Zwiebel-Tomaten-Mischung abschließen und den Käse darüber bröckeln. Die Form in den Backofen schieben und 60 Minuten bei 200 °C backen.

Zum Essen reicht man einen frischen grünen Salat und als Getränk empfiehlt sich ein milder Rotwein.

Mexiko

Thüringer Kloß gebraten mit mexikanischer Salsa

Neben der Kartoffel stammt auch der Chili (Capsicum frutescens) aus Lateinamerika. Weltweit gibt es mehrere hundert Chilisorten. Sie können fruchtig, nussig oder anisähnlich schmecken. Für die Schärfe ist ihr Gehalt an Capsaicin verantwortlich. Große, runde Früchte sind meist milder als kleine, spitze. Das Entfernen von Samen und Scheidewänden mindert ihre Schärfe. Es gibt kaum ein mexikanisches Gericht ohne Chili.

Kloßteig nach Grundrezept

Salsa:

100 g Cocktailtomaten
(sind am aromatischsten)

2 Jalapeno Chilischoten eingelegt, alternativ mild eingelegte Chilischoten

1 Zwiebel

frischer Koriander, alternativ Petersilie

Kreuzkümmel, Salz

4 EL Olivenöl

Klöße am Vortag zubereiten. Dann im Kühlschrank aufbewahren. Es empfiehlt sich, die Klöße als Rolle zu formen. Sie lassen sich dann besser schneiden. Man kann die Kloßmasse auch in einen Wurstdarm füllen.

Für die Salsa-Sauce alle Zutaten möglichst klein würfeln, den frischen Koriander klein schneiden und mit Kreuzkümmel und Salz abschmecken, mit dem Olivenöl vermischen.

Klöße in Scheiben schneiden und anbraten. Mit Salsa-Sauce garnieren und servieren.

Alternativ kann man die Kloßscheiben auch mit Schafs- oder Mozzarellakäse im Ofen bei 150 °C überbacken und dann garnieren.

Niederlande

Aardappeltart
Mandelkuchen aus Kloßteig

Die Niederlande waren das erste Land in Europa, das die Kartoffeln auf dem Feld anbaute. Von hier verbreitete sich der Kartoffelanbau auch in viele Regionen Deutschlands. Noch heute gebräuchliche Bezeichnungen wie Aaräpfel, Erdäpfel oder Apern weisen auf diese Herkunft hin.

7 Eiweiß, 7 Eigelb

200 g Zucker

250 g geriebene Mandeln

1 cl Rum

Saft und abgeriebene Schale von einer Zitrone

500 g Kloßteig nach Grundrezept

je 1 Prise Ingwerpulver, Zimt und Kardamom

Eigelb und Zucker mit dem Mixer schaumig schlagen. Geriebene Mandeln, Rum, Zitronensaft und geriebene Schale, den Kloßteig, Zimt, Kardamom und Ingwerpulver dazugeben und vermischen. Eiweiß steif schlagen und vorsichtig unterziehen.

Eine runde Kuchenform einfetten und mit Mehl ausstäuben, den Teig einfüllen. Im auf 160 °C vorgeheizten Ofen etwa 80 Minuten backen. Die letzten 15 Minuten die Temperatur auf 180 °C erhöhen.

Man kann den noch heißen Kuchen mit Aprikosenmarmelade bestreichen. Mit heißer Schokolade oder Kakao servieren.

Paraguay

Bolitas de Yvy'a
Käseklößchen

Neben Spanisch als Landessprache wird in Paraguay auch Guarani gesprochen. Ein großer Teil der Bevölkerung sind Guarani. Yvy'a ist das Wort für Kartoffel ebenso wie für die Erde. Die Kartoffel – aus der Erde kommend. Das hier vorgestellte Rezept wird auch oft mit Maniokwurzeln zubereitet.

---

halbe Menge Kloßteig nach Grundrezept

100 g geriebener Käse, am besten Emmentaler

1 EL Mehl

2 Eier

1 Brühwürfel Geschmack Bacon

Frittieröl

Alle Zutaten bis auf einen Rest Reibekäse vermischen und kleine Klößchen aus der Masse formen. Die Klößchen in heißem Öl frittieren. Die Klößchen heiß mit dem übrigen Käse bestreut servieren.

Diese Spezialität aus Paraguay wird meist mit Fleisch gereicht. Eine Käsesauce passt ebenfalls sehr gut dazu – und man reicht dazu das Nationalgetränk Paraguays, den Mate-Tee. Lecker aber auch nur so als Snack zu Bier und Wein.

Polen

Pyzy ndziewane
Danziger Klöße

Polen gehört zu den größten Kartoffelerzeugern weltweit. Für Klöße und Kartoffeln gibt es zahlreiche Rezepte. Schlesische und Danziger Klöße gehören zu den bekanntesten.

Kloßteig nach Grundrezept

Füllung:

100 g Schweinehackfleisch, gekocht

½ Zwiebel, fein gewürfelt

3 EL Fleischbrühe

Salz, Pfeffer

100 g durchwachsener Speck, gewürfelt

2 EL Butter

Semmelbrösel

Den Kloßteig mit ½ TL Salz und etwas Pfeffer verkneten. Hackfleisch, Zwiebel und Brühe vermengen, würzen. Etwas Kloßteig in der Hand flachdrücken, ein bis zwei EL Hackfleischfüllung hineingeben, zu einem runden Kloß formen.

Salzwasser in einem Topf aufkochen. Klöße in das nicht mehr köchelnde Wasser geben. Wenn sie oben schwimmen, sind sie fertig.

Speck in Würfel schneiden und in Butter anbraten. Semmelbrösel hinzugeben, braun anbraten.

Den Speck mit Semmelbröseln über die fertigen Klöße geben. Man kann mit Sahnesauce ergänzen.

Portugal

Bolinhos de Bacalhão
Stockfischklößchen

Portugal ist das europäische Land mit dem größten Pro-Kopf-Verbrauch an Kartoffeln. Als Seefahrer und Entdecker brachten die Portugiesen die Kartoffeln über alle Weltmeere. So sind sie die Ersten gewesen, die die Kartoffel in Japan, Indien und Afrika bekannt machten. Viele portugiesische Rezepte, wie die hier vorgestellten Bolinhos, gibt es noch heute in den ehemaligen Kolonien wie Angola oder Brasilien. Eine typische portugiesische Zutat ist der getrocknete und gesalzene Kabeljau, auch Stockfisch genannt.

250 g Fisch (Stockfisch – Bacalhão)

1 Tasse Milch

½ Zitrone

250 g Kloßteig nach Grundrezept

1 Ei

1 Zwiebel, gehackt

1 EL Olivenöl

gehackte Petersilie

Öl zum Frittieren

Den Stockfisch (Bacalhão, z.T. auch als Klippfisch bekannt) zum Entsalzen 12 Stunden in kaltes Wasser legen, das Wasser dabei zwei- bis dreimal wechseln. Am nächsten Tag den Fisch im Mixer grob zerkleinern.

Milch und Zitronensaft miteinander vermischen und den Fisch 2 Stunden darin marinieren. Aus dem Kloßteig, Ei, Zwiebel Olivenöl und etwas Wasser einen zähen Teig zubereiten. Sollte er nicht zäh genug sein, etwas Mehl oder Kartoffelstärke hinzugeben. Salzen. Petersilie und den Fisch dazugeben, alles vermischen.

In einer Pfanne Pflanzenöl stark erhitzen. Mit einem Esslöffel Klößchen vom Teig nehmen und in der Pfanne frittieren. Die fertigen Klößchen auf Küchenkrepp abtropfen lassen.

Man serviert die Bolinhos am besten als Snack zu Bier und Wein oder als Vorspeise mit einer Dillsauce.

Saudi-Arabien   Falafel-Kloß

Falafel ist eines der typischen Gerichte von der Arabischen Halbinsel, die sich heute über die ganze arabische Welt verbreitet haben. Wir haben die typische Falafel-Masse mit Thüringer Kloßteig variiert. Übrigens werden Falafel oft auch als Arabische Klöße bezeichnet.

halbe Menge Kloßteig nach Grundrezept

350 g Kichererbsen (aus der Dose) abgetropft

1 rote Zwiebel

3 Knoblauchzehen (durchgepresst)

2 kleine rote Chilischoten

1 TL gemahlener Kreuzkümmel

1 TL gemahlener Koriander

1 TL Kurkuma

1 EL frischer Koriander

1 Ei

100 g Vollkornpaniermehl

Pflanzenöl

Salz, Pfeffer

Kloßteig extra trocken zubereiten und mit Kichererbsen, Zwiebel, Knoblauch, Chilis, Gewürzen und einem Esslöffel gehacktem Koriander im Mixer pürieren. Gut umrühren und nachwürzen. Die Mischung herausnehmen und daraus walnussgroße Bällchen formen.

Das Ei in eine flache Schüssel geben, die Bällchen zuerst im verquirlten Ei, danach im Paniermehl wenden. Überschüssiges Paniermehl abschütteln.

Das Frittieröl auf 180°C erhitzen und die Bällchen darin in 2-3 Minuten knusprig und braun frittieren. Auf Küchenpapier abtropfen lassen.

Schweden

Kloß-Lachs-Roulade

Bekannt ist Schweden für seinen guten Lachs. Was liegt näher als beides zu kombinieren. In den skandinavischen Ländern isst man nur einmal am Tag, am frühen Abend, eine warme Mahlzeit, sonst hält man sich an Smörgas, belegte Brote.

Kloßteig nach Grundrezept

1 Eigelb

300 g geräucherter Seelachs

etwas Kartoffelstärke und Salz

Den Kloßteig mit dem Eigelb vermischen. Etwa 0,5 cm dick, 10 cm breit und 15 cm lang auf mit Mehl bestreutem Pergamentpapier ausrollen. Sollte der Teig kleben, mit etwas Mehl bestäuben. Mit geräucherten Lachsscheiben belegen. Wie eine Biscuitrolle einrollen und an den Seiten zudrücken.

Die Kloß-Lachs-Rollen in einen mit reichlich Wasser gefüllten Topf geben. Das Wasser sollte leicht köcheln. Danach 20-25 Minuten ziehen lassen. Wie bei den Original Thüringer Klößen sind die Kloß-Lachs-Rouladen fertig, wenn sie schwimmen.

Mit Gemüse servieren – Leipziger Allerlei oder Blumenkohl und Brokkoli.

Zum Kochwasser reichlich Kartoffelstärke geben. Dies verhindert das Auseinanderfallen der Klöße.

Schweiz

Kloßrösti

Die Schweiz ist als ein Land der Berge traditionell Kartoffelland. In vielen Regionen der Schweiz gedeiht des Klimas wegen nur die Kartoffel. Das Schweizer Nationalgericht schlechthin ist daher auch ein Kartoffelgericht: Rösti. In der Schweiz gibt es in jeder Region mindestens ein Röstigericht.

Kloßteig nach Grundrezept

1 TL Salz

2 EL Butter

2 EL Schweineschmalz

50 g Bauchspeckwürfelchen

1-2 EL Milch

Den Kloßteig in längliche Fasern aufdröseln, etwas salzen. Butter und Schmalz in einer Bratpfanne erhitzen. Speckwürfelchen und Kloßteig hineingeben und unter mehrmaligem Wenden rundum leicht anbraten.

Zu einem Kuchen zusammenschieben und bedeckt auf kleinem Feuer ca. 10 Minuten braten. Die Milch darüber geben und wiederum zugedeckt etwa 10 Minuten fertig braten. Die Rösti auf eine Platte stürzen und mit Milchkaffee servieren.

Serbien und Montenegro

Paprikaschote mit Kloß-Käse-Füllung

Die markantesten Merkmale der serbischen Küche sind die Gastfreundschaft der Menschen, das Beisammensein beim Essen sowie die große Auswahl von Grill- und Fleischgerichten. Beeinflusst wurde die serbische Küche vor allem von der ungarischen, dalmatinischen, italienischen und türkischen Küche. Daher spielt auch Paprika ein große Rolle.

---

4 rote Paprikaschoten

120 g Käse (Edamer)

1 Zwiebel

80 g Schinken

1 Knoblauchzehe

halbe Menge Kloßteig nach Grundrezept

Salz, 1 Schuss Tabasco

2 Eier

80 g Erbsen

120 g Mehl

250 ml Gemüsebrühe

100 g Schmand

Die Paprikaschoten aushöhlen, von den Häutchen und weißen Kernen befreien. Käse grob reiben. Zwiebel und Schinken fein würfeln. Knoblauchzehe zerdrücken. Backofen auf 200 °C vorheizen. Den Kloßteig mit Käse, Zwiebel- und Schinkenwürfeln und 2 Eiern gut verrühren.

Die Masse mit Salz und Tabasco würzen. Zum Schluss Knoblauch, Erbsen und Mehl untermischen und abschmecken.
Die Masse in die Paprikaschoten füllen und diese in eine feuerfeste Form setzen. Mit Gemüsebrühe angießen und bei 200 °C 20 Minuten garen (mit Alufolie abdecken). Den Schmand in die Gemüsebrühe rühren. Weitere 20 Minuten garen.

Spanien — Spanische Tortilla

1532 eroberte Francisco Pizarro die Heimat der Kartoffel, das heutige Peru. Auf der Hinfahrt nach Südamerika starben viele Seefahrer an Skorbut, auf der Rückfahrt blieben sie jedoch gesund, vermutlich dank der Vitamin-C-reichen Kartoffel. Die ersten schriftlichen Nachweise in Spanien nennen die Kartoffel denn auch als Medizin- und Heilpflanze.

Kloßteig nach Grundrezept

2 mittelgroße Zwiebeln

Olivenöl

8-10 Eier

ca. 500 g Gemüse
(Erbsen oder anderes Gemüse)

0,1 l Milch

0,1 l Mineralwasser

Salz, Pfeffer

200 g Crème fraîche

Den Kloßteig grob zerbröseln, die Zwiebeln in dünne Spalten schneiden. In einer Pfanne Olivenöl erhitzen, die Zwiebeln darin goldgelb anbraten und den Kloßteig zugeben.

Die Eier mit der Milch und dem Wasser verquirlen und in eine Auflaufform geben.

Kloßteig und Zwiebeln in die Eiermilch geben und mit Salz und Pfeffer abschmecken. Im vorgeheizten Backofen (200 °C) 10 Minuten vorbacken. Gemüse waschen, schneiden und ebenfalls in Olivenöl kurz anbraten. Anschließend das Gemüse auf die vorgebackenen Eier geben und noch ca. 20-25 Minuten im Backofen fertig backen.

Dazu passt Crème fraîche mit oder ohne Kräuter. Heiß, lauwarm und kalt zu genießen.

Togo

Bádá súú mit Kloß
Bananen-Kloß-Küchlein

Togo kennt ähnlich wie Ghana kaum Kartoffeln. Aber auch hier spielen die anderen Wurzelgemüse wie Yams, Maniok, Taro und Süßkartoffeln eine wichtige Rolle. Auch Bananen werden gerne gegessen. Den einheimischen Bananen-Maniok-Kuchen haben wir mit Kloßteig variiert.

Grundrezept Kloßteig

1-2 Bananen

6 Eier

200 g Zucker

1 unbehandelte Zitrone

100 g gemahlene Erdnüsse

25 g Backmargarine , etwas Mehl

Die Eier in Eigelb und Eiweiß trennen. Das Eigelb mit dem Zucker gut verrühren. Schale und Saft der Zitrone sowie die Erdnüsse darunter rühren. Das Eiweiß steif schlagen. Bananen pürieren.

Den Kloßteig mit dem Eigelb und dem Bananenpüree verrühren und danach das Eiweiß darunter heben.

Muffinförmchen mit Margarine ausstreichen und mit Mehl bestreuen. Den fertigen Teig in die Förmchen einfüllen. Im vorgeheizten Backofen ca. 15-25 Minuten bei 175°C backen.

Gut dazu passt Mangosauce.

Trinidad und Tobago

Tropic-Mix mit Karibischem Rum flambiert

Bevor in Trinidad und Tobago Erdöl gefunden wurde, waren die Hauptprodukte der karibischen Inseln Zuckerrohr und Rum. Kartoffeln sind in der Küche Trinidads und Tobagos bekannt, werden aber eingeführt.

halbe Menge Kloßteig nach Grundrezept

tropische Früchte, frisch oder aus der Dose (Mango, Banane und Ananas)

Butter

etwas Zucker

4 cl Karibischer Rum, 56% oder höherprozentig

Klöße am Vortag zubereiten, im Kühlschrank aufbewahren. Klöße und tropische Früchte würfeln. Empfehlenswert sind ⅔ Früchte und ⅓ Kloßwürfel, aber auch „halb und halb" schmeckt sehr gut. Butter in einer Bratpfanne zerlassen, Würfel dazugeben und leicht anbraten. Zucker hinzugeben und schmelzen lassen. Dann den Rum hinzugeben, anzünden und flambieren.

Für das Flambieren am Tisch sollte die Servierschale vorgewärmt werden. Die gebratenen Würfel heiß hinzugeben. Eine Kerze auf dem festlich gedeckten Tisch anzünden Den angewärmten Rum in eine Schöpfkelle geben. Licht ausschalten. Die Schöpfkelle vorsichtig über der Kerze leicht schräg halten und so Feuer fangen lassen. Den brennenden Rum langsam über die Kloßwürfel und Früchte in der Servierschale gießen.

Tschechien

Bramborové knedlíky
Tschechische Marillenknödel

Was ist ein typisch tschechisches Essen? Ganz klar – die Knödel. Davon gibt es zahlreiche beliebte Varianten aus der traditionsreichen Mehlspeisenküche. Die tschechische Küche ist besonders wegen ihrer Mehlspeisen bekannt. Nirgendwo auf der Welt werden so viele Sorten von Buchteln, Kolatschen, Strudeln, Torten und süßem Kleingebäck zubereitet. Geradezu als Nationalgericht können Obstknödel bezeichnet werden. Je nach Jahreszeit füllt man sie mit Kirschen, Aprikosen oder Pflaumen. Statt Quark- oder Brandteig verwenden wir für die beliebten Marillenknödel Thüringer Kloßteig.

---

für 8 Marillenknödel:

halbe Menge Kloßteig nach Grundrezept

Je nachdem, ob man Marillenknödel *(Merunkové knedlíky)* oder Zwetschgenknödel *(Svestkové knedlíky)* essen möchte:

8 Marillen (Aprikosen) oder 8 Backpflaumen

8 Stück Würfelzucker

Butter und Semmelbrösel

Die Aprikosen oder Pflaumen entsteinen, waschen und mit je einem Stück Würfelzucker füllen. Dann mit Kloßteig umhüllen und in kochendes Salzwasser geben. Nicht kochen, sondern nur ziehen lassen. Wenn die Klöße fertig sind, schwimmen sie oben. Klöße mit einer Schaumkelle herausnehmen.

Semmelbrösel goldgelb anbraten, die Klöße darin wälzen. Die Obstknödel mit zerlassener brauner Butter oder Vanillesauce übergießen.

Sehr gut schmecken Obstknödel auch in Butter und Mandeln angebraten und mit Aprikosenschnaps oder Sliwowitz (Pflaumenschnaps) flambiert.

Tunesien — Dattelklöße mit Orangensauce

Tunesien gehört zu den mittleren Kartoffelanbauländern in Afrika. Die Kartoffel wird als Gemüse geschätzt und in geringem Umfang gar exportiert. Tunesien ist sowohl ein Mittelmeerland als auch ein Land der Sahara mit zahlreichen Oasen voller Dattelpalmen.
Die Küche und die Agrarproduktion sind hiervon geprägt. Zitrusfrüchte und Datteln spielen eine bedeutende Rolle.

halbe Menge Kloßteig nach Grundrezept

12 Datteln

4 EL Honig, etwas Salz

Orangensauce:

2 Orangen

1 Tasse Orangensaft

4 EL Honig

etwas brauner Zucker

Datteln entsteinen und in kleine Würfel schneiden. Kloßteig mit dem Honig verkneten, eine Prise Salz hinzugeben. Kleine Portionen Kloßteig in der Hand flachdrücken, die Dattelwürfel hineingeben. Zu Klößchen formen. Wasser zum Kochen bringen, Klöße hineingeben und ca. 10 Minuten ziehen lassen.

Von den Orangen großzügig die Schale abschneiden und in Filets schneiden. Am besten mit dem Messer zwischen den Häutchen schneiden, dann werden die Filets gut. Honig und Orangensaft in einem Topf auf etwa die Hälfte einkochen lassen. Die Orangenfilets zugeben und nochmals etwas köcheln lassen.

Je Person 3 Klößchen auf einem Teller anrichten, Orangensauce darüber geben, mit braunem Zucker bestreuen.

Man kann die Klöße auch mit Vanilleeis und roter Grütze servieren.

Ukraine

Vushka
Mit Pilzen und Zwiebeln gefüllte Klöße

Die Ukraine gehört zu den größten Kartoffelanbauländern der Welt. Das Weihnachtsmahl mit zwölf Gängen ist in der Ukraine ohne Klöße nicht denkbar. Der erste Gang des Mahles ist traditionell „Kutia", danach folgt „Borschtsch", die in Osteuropa weit verbreitete Rote-Bete-Suppe, mit „Vushka", gekochten und mit Pilzen und Zwiebeln gefüllten Klößen. Darauf folgen verschiedene Fischgerichte, sowie „Wareniki" — gekochte, mit Kohl, Kartoffeln, Buchweizen oder Pflaumen gefüllte Teigtaschen.

3 Zwiebeln

Schmalz zum Anbraten

300 g Pilze, am besten Pfifferlinge

Salz, Pfeffer

Kloßteig nach Grundrezept

Die gewürfelten Zwiebeln im Schmalz anbraten, Pilze klein schneiden und hinzugeben. Gut anbraten, mit Salz und Pfeffer würzen.

Kloßteig in der Hand flachdrücken, Zwiebel-Pilz-Mischung hineingeben und zudrücken. Vushka heißt soviel wie Öhrchen und so kann man die Klöße auch formen. Etwas flachdrücken und an den Rändern ausstreichen.

Die fertigen Klößchen entweder in Salzwasser ziehen lassen oder noch besser in Borschtsch, der typischen Rote-Bete-Suppe.

USA

Chocolate Potato Dumpling Cake
Schokoladen-Kloß-Kuchen

Ein Nationalgericht in den USA sind Baked Potatoes (gebackene Kartoffeln). Im klassischen Einwandererland mischen sich die Esskulturen vieler Länder. Daraus entstehen dann überraschende Kreationen wie dieser Schokoladen-Kloß-Kuchen.

75 ml Milch

10 Esslöffel Kakaopulver

200 g Butter

200 g Zucker

200 g Mehl

2 EL Puderzucker

400 g Kloßteig nach Grundrezept

1 EL Backpulver, 1 EL Vanillezucker

4 Eigelb, 4 Eiweiß

etwas Salz

Für Erwachsene:

2-3 Esslöffel Rum

Die Milch im Wasserbad erhitzen. Kakaopulver und 1½ Esslöffel Butter dazugeben und mit dem Mixer verrühren, beiseite stellen und auskühlen lassen.

Die restliche Butter und den Zucker in der Küchenmaschine so lange rühren, bis die Mischung leicht und sämig wirkt. Nun mit Kloßteig und Kakaomasse (oben) vermischen und zur Buttermasse geben. Nacheinander Eigelb, Mehl, Backpulver, Salz und bei der Erwachsenenvariante Rum hinzugeben und schaumig rühren. Eiweiß zu Eischnee schlagen und unterziehen.

Eine Gugelhupfform ausfetten und mit etwas Mehl bestreuen. Teig einfüllen und in den auf 175 °C vorgeheizten Ofen schieben. Etwa 60 Minuten backen lassen.

Den fertigen Kuchen mit Puderzucker bestreuen.

Rezeptverzeichnis nach Sachgruppen

Vorspeisen

Acarajé mit Kloßteig
Bohnenklößchen **22**

Bolinhos de Bacalhão
Stockfischklößchen **56**

Bolitas de Yvy'a
Käseklößchen **52**

Thüringer Kloß gebraten mit mexikanischer Salsa **48**

Vushka
Mit Pilzen und Zwiebeln gefüllte Klöße **76**

Wasabi-Klößchen auf grünem Bambus
Meerrettich-Klößchen am Spieß **42**

Hauptgerichte

Anden-Auflauf **28**

Dolmey-yeh Seeb Zamini
Iranische gefüllte Kartoffelklöße **38**

Falafel-Kloß **58**

Fisch-Klöße **30**

Fondue de Quenelles de Pomme de Terre
Klößchen-Fondue **34**

Fußball-Kloß **26**

Kangeroo-Kloß-Eintopf
Känguruschwanzsuppe mit Klößen **20**

Kimchi Mandu
Sojaklößchen mit eingelegtem Gemüse **44**

Kloß-Lachs-Roulade **60**

Kloßrösti **62**

Olla de Carne mit Thüringer Kloß
Eintopf mit Thüringer Klößchen **24**

Paprikaschote mit Kloß-Käse-Füllung **64**

Pyzy ndziewane
Danziger Klöße **54**

Roly Poly
Mit Kloßteig gefüllter Hackbraten **32**

Spanische Tortilla **66**

Spinatgnocchi mit Gorgonzolasauce **40**

Tango-Kloß
Mit Fleisch gefüllte Klöße **18**

Tarte mit Kloß und Sardelle **46**

Süßspeisen

Aardappeltart
Mandelkuchen aus Kloßteig **50**

Bádá súu mit Kloß
Bananen-Kloß-Küchlein **68**

Bolinhos de Coco
Kokos-Klößchen **16**

Boodoo und Abolo
Klößchen mit Mais, Süßkartoffel und Erdnüssen **36**

Bramborové knedlíky
Tschechische Marillenknödel **72**

Chocolate Potato Dumpling Cake
Schokoladen-Kloß-Kuchen **78**

Dattelklöße mit Orangensauce **74**

Tropic-Mix mit Karibischem Rum flambiert **70**